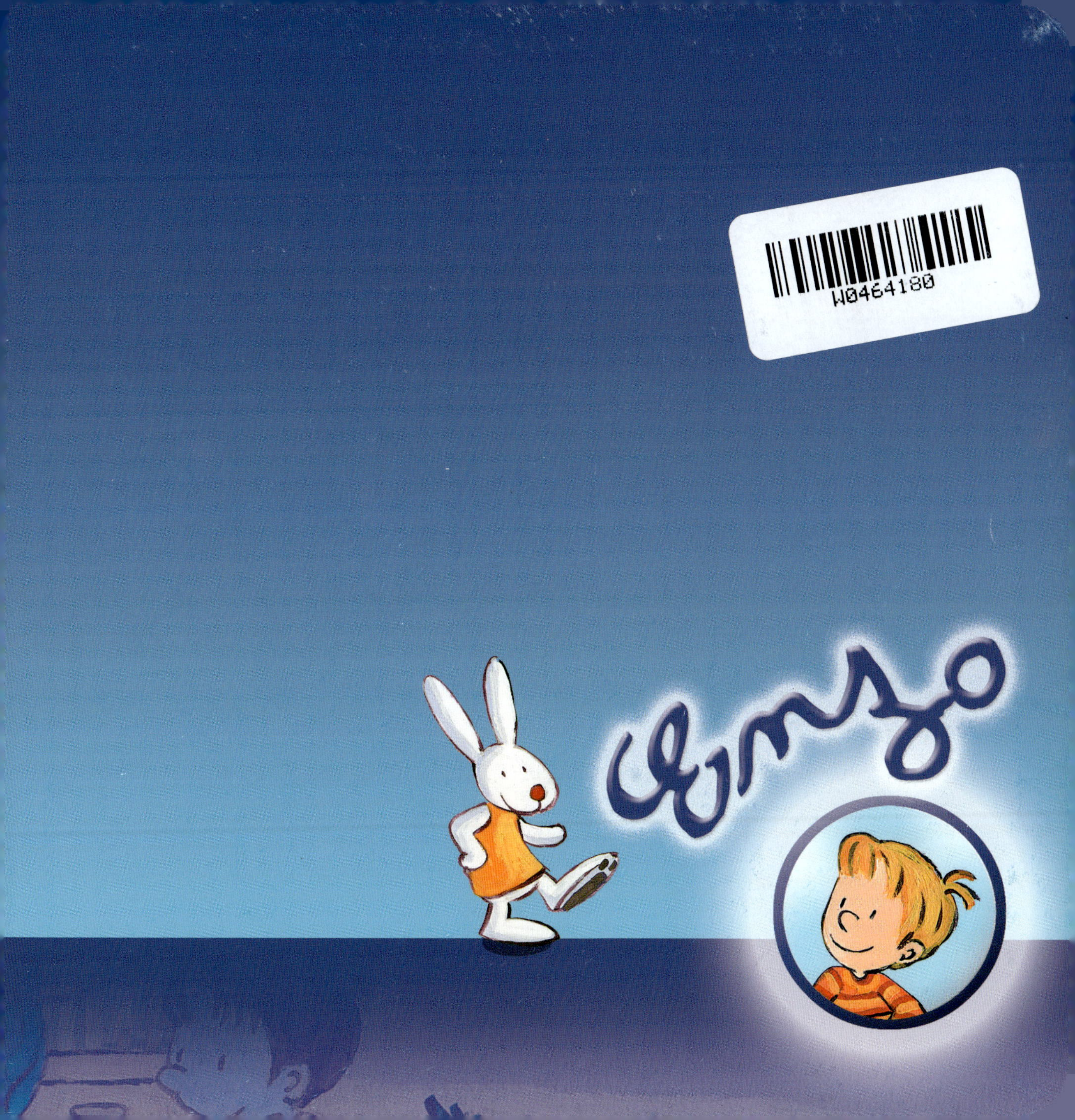

Enzo va à l'école

Histoire originale : Christian Tielmann
Illustrations : Sabine Kraushaar
Adaptation : Annie Murat

Piccolia

Ce matin, au petit déjeuner, papa a annoncé une bonne nouvelle : à la rentrée, il y aura une place pour Enzo à l'école maternelle. Enzo attendait cela avec impatience. Il est tellement content qu'il monte sur sa chaise en criant : « Super ! » Mais Théo son grand frère, est un peu moins enthousiaste : « Super, super, pas tant que ça, mon vieux ! Tu verras, finie la grasse matinée ! Et puis, à l'école, on ne fait pas ce qu'on veut, tu sais. Par exemple, on ne monte pas sur les chaises, et puis on n'a pas le droit de crier. »

1+1=
1+1=

Enzo et sa copine Pauline ont exactement le même âge. Les parents de Pauline ont eux aussi reçu une lettre de l'école pour dire qu'elle aurait une place à la rentrée.
Du coup, les deux amis passent maintenant leur temps à jouer à l'école. Ils ont installé dans le jardin le tableau noir qu'Enzo a reçu à son anniversaire.
Pauline fait la maîtresse, et Enzo a décidé que Zorro son lapin nain serait un élève, comme lui. Mais Zorro n'a pas du tout envie de rester assis, et il décide d'aller se cacher dans les buissons.

Ce matin, Enzo et son papa se rendent à l'école pour rencontrer la maîtresse. Enzo est un peu timide, mais la dame est très gentille. Enzo lui demande si son amie Pauline sera dans sa classe.
« Ça te ferait plaisir ? demande la maîtresse.
- Oh oui, madame, dit Enzo. C'est ma meilleure amie.
- Hé bien, c'est d'accord. Mais vous serez sages, n'est-ce pas ?
- Et puis, est-ce que mon lapin Zorro peut venir aussi ? demande Enzo.
- Hum… je ne crois pas, non. Il s'ennuierait, tu sais. Mais tu verras, dans la classe, il y a un aquarium avec de jolis poissons. »

Maintenant qu'Enzo est inscrit à l'école, il doit passer une visite médicale. Enzo n'est jamais ravi d'aller chez le docteur, mais cette fois-ci, c'est pas pareil. Il s'agit de vérifier s'il voit bien, s'il entend bien et s'il sait reconnaître les couleurs et les formes. Évidemment, quelle question ! Ensuite, le docteur le mesure et le pèse, puis il lui demande de marcher à cloche-pied en suivant une ligne blanche pour voir s'il a des problèmes d'équilibre. Fastoche !
« Bon, c'est bien. Tu peux aller à l'école maintenant. Tu es un grand garçon. »

Enzo est si excité qu'il n'arrive pas à dormir. Alors il se lève pour aller boire un verre d'eau. Tiens, papa et maman ne sont pas encore couchés. Mais que font-ils ? Papa est en train de bricoler avec des ciseaux et du carton. Maman est installée devant la table, et elle découpe des formes dans du tissu.

« Ben, qu'est-ce
que vous faites ?
demande Enzo.
- Enzo, dit papa, veux-tu
bien aller te coucher ! Allez, file ! »

Enzo a hâte d'aller à l'école, mais on ne connaît pas encore la date exacte de la rentrée.

Enfin, ce matin, une lettre est arrivée.

« Alors, maman, c'est quel jour ?

- Dans une semaine exactement.

- Est-ce que la lettre dit si Pauline sera dans la même classe que moi ?

- Non, répond maman, mais tu verras bien le jour de la rentrée ! »

Enzo veut savoir, tout de suite, alors il appelle Pauline au téléphone :

« Je suis dans la classe A, et toi ?

- Moi aussi, répond Pauline, toute contente.

Chic, on va bien s'amuser ! »

Dans la lettre de l'école, il y avait la liste de toutes les choses qu'Enzo doit avoir pour aller à l'école : des pantoufles, une serviette pour s'essuyer les mains, une casquette et un manteau pour aller dans la cour de récréation, et sur tout cela, il faut marquer ENZO pour qu'on puisse retrouver ses affaires parmi celles des autres enfants. Enzo en a profité pour demander en plus des crayons de couleur et des pinceaux pour la peinture. Mais dans quoi va-t-il mettre tout ça ? Alors papy lui a acheté un joli sac à dos avec une étiquette pour mettre son nom.

Ce matin, papa emmène Pauline et Enzo en ville, pour leur apprendre à traverser la rue. Bien sûr, leurs parents les accompagneront à l'école, mais il faut quand même qu'ils sachent se débrouiller tout seuls.
« Les enfants, écoutez bien. Vous ne devez jamais traverser en dehors du passage piéton. C'est facile à reconnaître. Ce sont ces bandes blanches sur le sol. Mais, avant de traverser, il faut regarder à gauche et à droite pour voir s'il n'y a pas de voiture ou de moto, ou de vélo. Et cela, même si le feu pour les piétons est vert. Vous avez compris ? Répétez : je regarde à gauche et à droite, et... »
Et toi, tu saurais répéter ?

Aujourd'hui, c'est la fête de l'école. Super ! Et en plus, papa et maman, mais aussi papy et mamie ont accompagné Enzo et Théo jusqu'à la porte. Papy a apporté une surprise pour Enzo, mais il ne l'ouvrira que ce soir, alors papa la ramènera à la maison.

Théo est tout bizarre. Il a mis un pull et un pantalon noir, et il porte un drôle d'objet dans un sac en plastique. On dirait un chapeau. Et quand Enzo lui demande ce que c'est, il sourit mystérieusement.

Comme chaque jour, les enfants s'asseyent autour des tables pour dessiner ou jouer. Tout dans la classe est à leur taille, les tables, les chaises, les étagères…
Chacun va chercher dans un casier l'étiquette à son nom et la pose sur la table devant lui. Bien entendu, Enzo et Pauline sont toujours côte à côte.
Aujourd'hui, ils sont si excités à l'idée de la fête qu'ils ont oublié de déposer leur sac à dos dans le couloir. Ça fait bien rire la maîtresse !
« Enzo et Pauline, dépêchez-vous d'aller mettre vos sacs dans votre casier, dit-elle. Ensuite, je vous raconterai une histoire. Allez zou ! »

Pauline
Enzo

6

On a rassemblé toutes les classes dans le préau décoré de lampions et de guirlandes. Les grands présentent leur spectacle. Ils ont inventé une histoire très rigolote où le Père Noël reste coincé dans une cheminée. C'est un ramoneur qui le sort de là. Et qui joue le personnage du ramoneur ? Théo ! Voilà pourquoi il était habillé tout en noir ce matin en venant à l'école et qu'il cachait un grand chapeau dans son sac. C'était une surprise ! Alors, ce que papa fabriquait l'autre nuit, c'était le fameux chapeau !

Enzo avait hâte de rentrer à la maison après le spectacle pour ouvrir la surprise que papy lui a apportée ce matin. Comme d'habitude dans les surprises, il y a beaucoup de papier, mais aussi plein de bonbons, un petit livre et une balle.